Steve Reich

Music for Pieces of Wood

for claves (1973)

Notes on Performance

Repeats

The number of repeats of each bar is not fixed. It may vary within the approximate limits marked in each bar, e.g. bar 1 may be repeated 2–4 times, then claves two enter at bar 2 for about 4–6 repeats and so on. The *indications* for approximate numbers of repeats are written above the part which is responsible for making the particular change in each bar, e.g. player 3 is responsible for bars 3 through 10 (since players one and two repeat without changing during those bars) and consequently the approximate number of repeats (5–9) is written above player three's part, and similarly throughout the piece.

At bar 10 there are two repeat markings, for player three to fade gradually from ***ff*** to ***f*** in about 3–4 repeats and for player four to rest 5–9 repeats before entering at bar 11. Similar instances occur at bar 18 and 26 and later in the piece. At bar 27 players three, four and five all fade out together taking about 4–6 repeats to do so. They should simply rehearse this and listen to one another so that they can fade out together, and similarly at bar 45.

The point throughout is not to focus on counting repeats but to listen to each bar and when you hear that a particular pattern has become clear and absorbed by yourself and the audience, move on to the next bar.

Cues

At bar 26 player five, after 8–16 repeats nods his or her head on the downbeat as a cue for players three and four to repeat bar 26 two more times and then move into bar 27. A similar cue is given by player five at bar 44, and at the last bar after 24–48 repeats player five nods on the downbeat, all players repeat the bar twice and end together. If desired another player can give the cues.

Claves and Tuning

The claves required for the steady pulse in part one are the usual cylindrical solid claves and should be readily available. This clave is held in the conventional way, resting on a partially closed hand so that it can resonate.

The clave used as a beater need not be tuned, but the one struck should be tuned to the high D♯ written in the score in part one. Since it will be easiest to tune this kind of clave by sanding its end with a power sander to make it *shorter and thus higher in pitch* one should either find a clave tuned exactly to the high D♯, or one tuned below that and tune it sharp by sanding it shorter.

The claves required for parts 2 through 5 are at least an octave lower in pitch and are of two special types manufactured by: The Latin Percussion Co. Inc., P.O. Box 88, Palisades Park, New Jersey 07650, U.S.A. Claves 2 and 3 are that company's 'African' model LP 212A, and claves 4 and 5 are their 'Standard' model LP 211. These claves will also have to be tuned by power sanding them *shorter* to make them *sharper*, and by sanding the bevel in the center of these claves somewhat *deeper* to make them *flatter* in pitch. It should be noted that considerable sanding of the ends must be done to make the claves noticeably rise in pitch whereas just a slight sanding and deepening of the bevel will produce considerable lowering of the pitch.

The tuning of the entire set of claves should preferably be to the exact pitches written in the score, however it is possible to transpose them up or down a bit so long as the relative pitch relationships remain the same.

The 'African' and 'Standard' claves should be held rather tightly with the hand cupped under the bevel to produce a resonating chamber. Without a solid grip a poor sound will result with little pitch content, and performers should practise perfecting their grip so as to form a resonating chamber tightly closed at the front of the bevel and open at its rear to produce a deep rich timbre with a clear pitch. Both types of claves are pictured below.

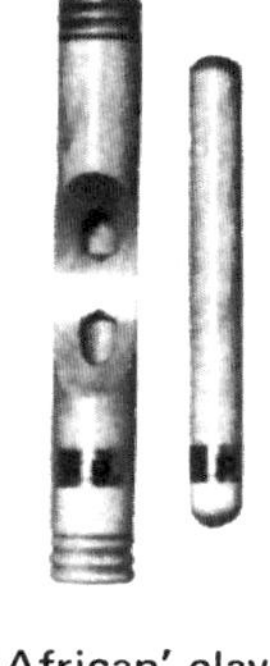

'African' clave

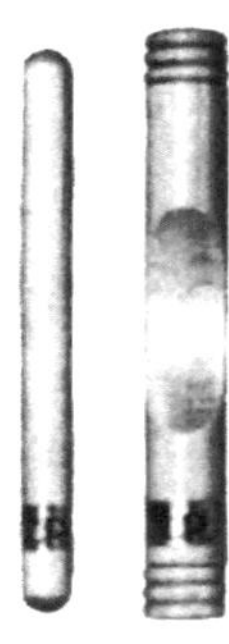

'Standard' clave

Steve Reich

Music for Pieces of Wood

UE 16 219 Playing score

Universal Edition

Using substitute instruments is generally discouraged. Various substitutes have been tried but all seem clearly inferior to the claves described above. Specifically, crotales or brass antique cymbals have been tried using a single crotale firmly held by leather or nylon cord through its hole in one hand and struck with a hard rubber or wooden mallet with the other hand while sitting, and damped on the thigh on all rests. The timbre of these crotales (though their pitch is clear) can quickly become excessively shrill. Tuned cow bells are lower in pitch and not shrill. They should also be played while sitting so as to allow damping on the thigh on all rests. This damping, while necessary to create clear articulation, will necessitate a slower tempo. The xylophone could conceivably be used with perhaps only 3 performers, two with 2 mallets and one with 1, but the xylophone produces too 'thin' a sound lacking the 'weight' of the claves. Temple blocks could be possibly used for the lower 4 parts, but would have to be tuned which may prove difficult.

Performers are urged to find and tune the claves mentioned above if at all possible.

Performers may stand while playing as illustrated in the drawing and photo below which will allow them to hear and see each other clearly.

Duration

The duration of the piece may vary from about 11 to 15 minutes.

Steve Reich, 1973

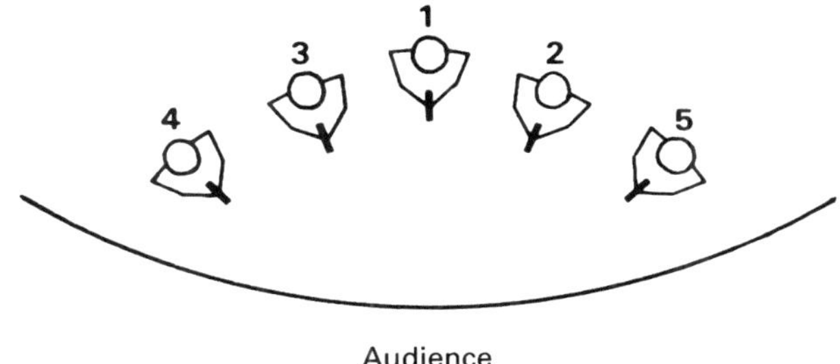

Audience

(from left to right) Bob Becker, Russell Hartenberger, Glen Velez, Steve Reich, James Preiss

Spielanweisungen

Wiederholungen

Die Anzahl der Wiederholungen eines jeden Taktes ist unbestimmt. Sie kann bei jedem Takt innerhalb approximativer Grenzen variieren; so kann z.B. Takt 1 2-4 mal wiederholt werden, dann treten Claves 2 in Takt 2 dazu, um 4-6 mal wiederholt zu werden, usw. Die Angaben für die approximative Anzahl der Wiederholungen sind über jenem Stimmenpart geschrieben, der für den individuellen Wechsel von Takt zu Takt verantwortlich ist. Spieler 3 z.B. ist verantwortlich für Takt 3-10 (während Spieler 1 und 2 diese Takte ohne Veränderung wiederholen) und folglich ist die approximative Anzahl der Wiederholungen (5-9) über dem Part von Spieler 3 notiert. Analog verläuft dies so im ganzen Stück.

In Takt 10 gibt es für Spieler 3 zwei Wiederholungszeichen, um während der 3-4 Wiederholungen allmählich von ***ff*** zu ***f*** zurückzugehen. Spieler 4 hat 5-9 Wiederholungen zu pausieren, bevor er Takt 11 beginnt. Ähnliche Beispiele gibt es in Takt 18, 26 und weiterhin im Stück. In Takt 27 verklingen Spieler 3, 4 und 5 gemeinsam, indem sie den Takt zusammen 4-6 mal wiederholen. Sie sollten dies einfach proben und einander zuhören, so daß sie gemeinsam ausklingen können; ähnlich in Takt 45.

Der Zweck soll es nicht sein, Wiederholungen auszuzählen, sondern jeden Takt genau zu hören. Wenn man hört, daß ein Detail klar geworden ist und sowohl vom Spieler als auch vom Hörer verstanden wurde, dann ist zum nächsten Takt weiterzugehen.

Zeichen

Nachdem Takt 26 8-16 mal wiederholt worden ist, nickt Spieler 5 mit dem Kopf – dieses Kopfnicken soll auf gutem Taktteil erfolgen – und er gibt damit den Spielern 3 und 4 ein Zeichen, um Takt 26 noch zweimal zu wiederholen und daraufhin zu Takt 27 weiterzugehen. Ein ähnliches Zeichen wird von Spieler 5 in Takt 44 gegeben. Im letzten Takt, nach 24-48 Wiederholungen, nickt Spieler 5 – wieder auf gutem Taktteil – und alle Spieler wiederholen diesen Takt noch zweimal und enden zusammen. Wenn man es wünscht, dann kann auch ein anderer Spieler die Zeichen geben.

Claves und Stimmung

Die Claves, die für das gleichmäßige Pulsieren von Part 1 verlangt werden, sind die gebräuchlichen zylindrischen, massiven Claves; sie sollten bereits vorhanden sein. Dieses Clave wird wie üblich über der halbgeöffneten Hand gehalten, so daß es resonieren kann.
Dasjenige Clave, mitdem der Schlag erfolgt, muß nicht fix gestimmt sein, hingegen soll das andere, in der Handfläche gehaltene Clave, auf einem hohen Dis gestimmt sein, wie in Part 1 der Partitur notiert wurde. Am leichtesten ist es, diese Art der Claves zu stimmen, indem man das Ende mit einer elektrischen Schleifmaschine abfeilt, um es somit zu *kürzen* und *höher zu stimmen.* Wenn man kein exakt auf Dis gestimmtes Clave vorgefunden hat, dann nimmt man also ein tiefer gestimmtes Clave und schleift das Ende so lange kürzer, bis die Tonhöhe Dis erreicht worden ist.

Die Claves, die für Part 2 bis 5 verlangt werden, sollen um eine Oktave tiefer gestimmt sein. Es werden hier zwei spezielle Typen verwendet, die bei folgender Firma erzeugt werden: The Latin Percussion Co. Inc., P.O. Box 88, Palisades Park, New Jersey 07650, U.S.A. Claves 2 und 3 sind das "afrikanische" Modell der Firma, Nr. LP 212A, und Claves 4 und 5 sind das 'Standard'- Modell, Nr. LP 211. Diese Claves müssen auch abgefeilt werden mittels Schleifmaschine, entweder muß man sie *kürzer* schleifen, um sie *höher* zu stimmen, oder man *höhlt* die Einbuchtung in der Mitte etwas stärker aus und stimmt sie auf diese Weise *tiefer*. Es ist praktisch so, daß Kürzung der Enden die Tonhöhe höher schraubt, während ein leichtes Ausbuchten in der Mitte eine Erniedrigung der Tonhöhe verursacht.

Die Tonhöhen des vollständigen Claves – Sets sollten möglichst exakt mit den in der Partitur angegebenen Tonhöhen übereinstimmen. Es ist aber erlaubt, sie generell etwas höher oder tiefer zu stimmen, vorausgesetzt, daß die Intervalle zwischen den einzelnen Claves dieselben bleiben.

Die "afrikanischen" und die "Standard" – Claves sollen wirklich straff an der Hand anliegend gehalten werden, so daß die Einbuchtung des Clave genau über der Handhöhlung zu liegen kommt, um so einen Resonanzraum zu bilden. Ohne soliden Haltegriff würde ein armseliges Geräusch entstehen, mit diffuser Tonhöhe. Die Ausführenden sollen daher den Haltegriff durch üben perfektionieren, indem sie den Resonanzraum der Hand so formen, daß er an den Seitenkanten der Einbuchtung fest abschließt, jedoch an den Enden des Clave eine kleine Öffnung bleibt. Nur so ist ein voller, satter Klang mit klarer Tonhöhe zu erreichen.

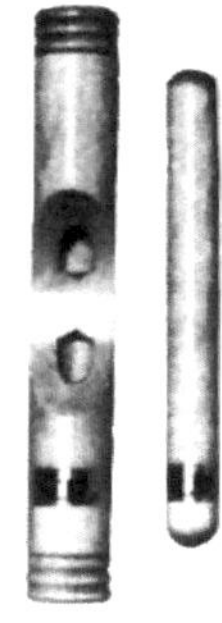

'African' clave

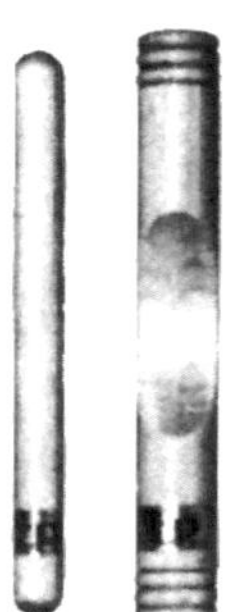

'Standard' clave

Vom Gebrauch von Ersatzinstrumenten ist allgemein abzuraten. Verschiedene Substitute wurden ausprobiert, aber alle scheinen minderwertig zu sein im Vergleich zu den oben beschriebenen Claves. Insbesondere wurden Crotales und metallene Cymbales antiques ausprobiert, indem man ein einzelnes Crotale – aufgehängt an einer durchs Loch gezogenen Leder- oder Nylon-schnur – fest in der einen Hand hielt und man mit einem harten Gummi- oder Holzschlegel in der anderen Hand den Schlag ausführte. Man spielte sitzend und dämpfte in den Pausen die Crotales mit den Schenkeln. Das Timbre dieser Crotales kann sehr rasch überaus schrill werden, obwohl natürlich die Tönhohen stimmen. Gestimmte Cow-bells sind in der Tonhöhe tiefer und nicht so schrill. Sie würden auch sitzend gespielt werden, so daß es möglich wäre, sie am Oberschenkel vollständig zu dämpfen. Dieses Dämpfen würde jedoch ein langsameres Tempo benötigen, um eine klare Artikulation zu schaffen. Es ware auch denkbar, ein Xylophon mit vielleicht nur drei Spielern zu verwenden, zwei mit je zwei Schlegeln und einer mit einem. Ein Xylophon hat aber einen zu 'dünnen' Ton und man vermißt dann die 'Schwere' des Claves - Schlages. Temple blocks könnten möglicherweise für die vier tieferen Parts verwendet werden, doch wäre das exakte Stimmen der Temple blocks problematisch.

Ausführenden wird empfohlen, die oben erwähnten Claves nach Möglichkeit ausfindig zu machen und zu stimmen.

Die Ausführenden sollen beim Spielen stehen, wie es untenstehend in der Zeichnung und auf dem Photo ersichtlich ist. Dies erlaubt den Spielern, einander zu sehen und zu hören.

Dauer
Die Dauer der Komposition kann zwischen 11 und 15 Minuten variieren.

Steve Reich, 1973

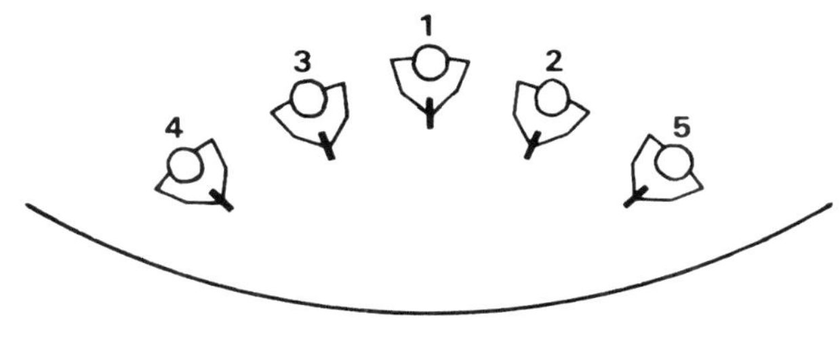

Publikum

(von links nach rechts) Bob Becker, Russell Hartenberger, Glen Velez, Steve Reich, James Preiss

Notes d'exécution

Reprises

Le nombre de reprises par mesure n'est pas déterminé. Il peut varier à l'intérieur des limites approximatives marquées pour chaque mesure; la mesure 1 par exemple peut être répétée 2–4 fois, ensuite les claves deux entrent en jeu à la mesure 2 pour 4–6 reprises etc. Les *indications* concernant le nombre approximatif de reprises sont écrites au-dessus de la voix qui a la responsabilité du changement particulier dans chaque mesure; par exemple, le joueur 3 est responsable des mesures 3–10 (étant donné que les joueurs 1 et 2 ne font que répéter pendant ces mesures, sans apporter de changement), et ainsi le nombre approximatif des reprises (5–9) est écrit au-dessus de la voix du joueur 3, et ainsi de suite pendant toute la pièce.

A la mesure 10, il y a deux indications de reprises: pour le joueur 3 pour qu'il passe graduellement de ***ff*** à ***f*** au cours d'environ 3–4 reprises, et pour le joueur 4 pour qu'il s'arrête pendant 5–9 reprises avant d'entrer à la mesure 11. Des exemples similaires se répètent à la mesure 18 ainsi qu'à la mesure 26 et plus loin dans la pièce. A la mesure 27 les joueurs 3, 4 et 5 finissent en fondu, ceci se faisant en 4–6 reprises. Ceci devrait s'exercer au cours des répétitions, et les joueurs devraient bien s'écouter mutuellement, en vue d'être capables de terminer ensemble; il en va de même de la mesure 45.

Ce qui importe à travers toute la pièce, ce n'est pas de compter le nombre des reprises, mais d'écouter attentivement chaque mesure, et du moment que vous aurez réussi à bien distinguer un pattern particulier et que celui-ci sera clair et compréhensible pour vous-mêmes et l'audience vous partirez vers la mesure suivante.

Signes

A la mesure 26, après 8–16 reprises, le joueur 5 fait un signe de la tête au début de la mesure, devant indiquer aux joueurs 3 et 4 que la mesure 26 est à répéter encore deux fois, pour passer ensuite à la mesure 27. Un signe similaire est donné par le joueur 5 à la mesure 44, et à la dernière mesure, après 24–48 reprises, le joueur 5 fait le signe de la tête au premier temps de la mesure, tous les joueurs reprennent la mesure deux fois et s'arrêtent au même moment. Si désiré, un autre joueur peut donner les signes.

Claves et accord

Les claves nécessaires pour obtenir le rythme régulier de la voix 1 sont les claves normales cylindriques solides et il ne devra pas être problématique de se les procurer. Cette clave est tenue de la manière traditionelle, reposant sur la paume partiellement close, de sorte qu'elle peut bien résonner.
La clave utilisée comme mailloche n'est pas nécessairement à accorder, mais celle qui est battue devrait être accordée en contre ré dièse, tel qu'il est écrit dans la partition de la voix 1. Comme il sera très facile d'accorder cette espèce de clave en sablant son bout – ceci la rendant *plus courte, donc plus aiguë* – il se recommande ou bien de trouver une clave accordée exactement en contre ré dièse ou bien une à accord plus grave, que l'on pourra accorder plus aiguë en la sablant.

La hauteur de son des claves nécessaires pour les voix 2–5 sera au moins une octave inférieure; ces claves devront être de deux types spéciaux, fabriqués par: The Latin Percussion Co. Inc., P.O. Box 88, Palisades Park, New Jersey 07650, U.S.A. Les claves 2 et 3 sont le modèle 'African' LP 212A de cette compagnie, les claves 4 et 5 leur modèle 'Standard' LP 211. Ces claves également seront à sabler pour les rendre *plus courtes*, soit *plus aiguës*. Le cône dans leur centre sera à sabler un peu *plus en bas*, ce qui donne des sons *plus graves*. Il convient de noter qu'il s'impose de sabler considérablement les bouts, pour que la hauteur du son augmente sensiblement; cependant il suffit de sabler légèrement et baisser le cône pour produire une considérable diminution de la hauteur du son.

L'accord de toutes les claves devrait, de préférence, répondre aux indications de la partition, cependant il est possible de les transposer légèrement vers le haut ou vers le bas, aussi longtemps que le rapport relatif entre les hauteurs du son reste inchangé.

Les claves 'African' et 'Standard' devraient être tenues d'une manière assez serrée, la paume creuse au-dessous du cône, en vue de créer une chambre de résonance. Sans une tenue ferme la sonorité sera maigre; les exécutants devraient se perfectionner par des exercices de tenue des claves, de manière à former une chambre de résonance bien close en face du cône et ouverte vers l'arrière, pour que soit produit un timbre riche à hauteur du son bien nette.

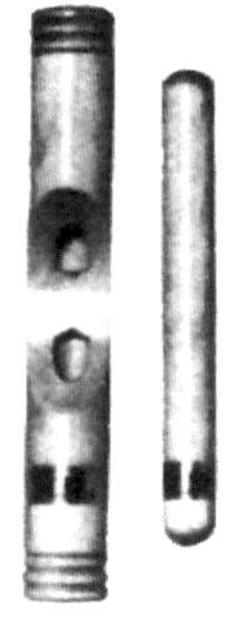

'African' clave

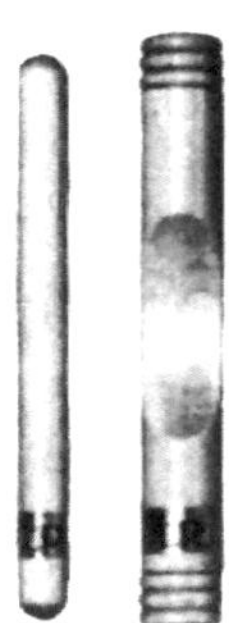

'Standard' clave

L'utilisation d'instruments de rechange est en général déconseillée. L'on a essayé plusieurs solutions, mais toutes paraissent moins satisfaisantes que celle obtenue par les claves décrites ci-dessus. Ont été testées notamment les crotales ou cymbales antiques; dans ce contexte il a été essayé d'utiliser une seule crotale, tenue fermement en une main par une corde de cuir ou de nylon à travers le trou et battue de l'autre main à l'aide d'une mailloche de caoutchouc dur. Tout ceci se fait en position assise, l'étouffement aux silences se faisant contre la cuisse. Le timbre de ces crotales (bien qu'elles disposent d'une claire hauteur du son) peut facilement devenir très strident. Des cloches de vache accordées sont plus graves et moins stridentes. Elles se joueraient également en position assise, l'étouffement complet contre la cuisse étant ainsi possible. Cependant, cet étouffement nécessiterait un tempo plus modéré, pour arriver à une articulation claire. L'on pourrait concevoir d'utiliser le xylophone, recourant éventuellement à 3 jouers seulement, dont deux avec 2 mailloches, le troisème avec une seule, mais le xylophone produit un son trop 'mince' et manque du 'poids' qui caractérise les claves. Des tempelblocks pourraient être utilisés éventuellement pour les 4 voix inférieures, mais ils devront être accordés, ce qui peut se révéler difficile.

Il est recommandé aux exécutants de trouver et d'accorder, si possible, les claves mentionnées ci-dessus.

Les joueurs pourront rester debout pendant l'exécution, comme l'on peut le voir ci-dessous (esquisse et photo); ceci leur permettra de bien se voir et s'entendre mutuellement.

Durée

La durée de la pièce peut varier entre 11 et 15 minutes.

Steve Reich, 1973

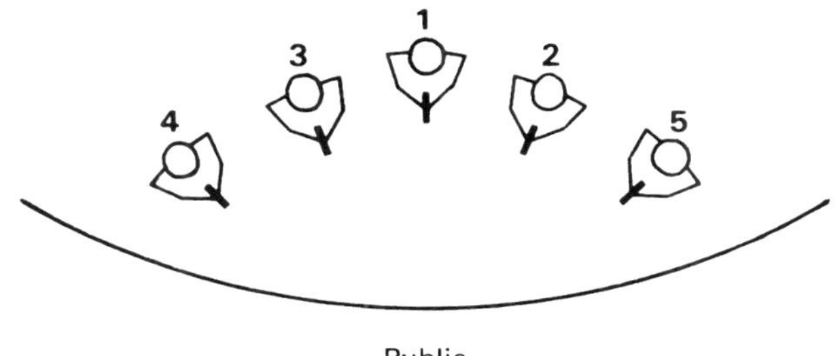

Public

(de gauche à droit) Bob Becker, Russell Hartenberger, Glen Velez, Steve Reich, James Preiss

Music for Pieces of Wood

for claves (1973)

Steve Reich
(* 1936)

1) *Jeder Takt soll approximativ wiederholt werden entsprechend der angegebenen Anzahl.*
1) *Répétez chaque mesure à peu près le nombre de fois indiqué.*

15
16
17
1
2
3
4
(× 5-9)
(× 5-9)
(× 5-9)
18
19
20
(× 3-4)
f
(loco)
ff
(× 5-9)
(× 5-9)
(× 5-9)
5
21
22
23
(× 5-9)
(× 5-9)
(× 5-9)
24
25
26
(× 5-9)
(× 5-9)
(× 8-16)
give cue (see notes)
(× 3-4)
f

27
28
29
(× 2–4)
(×4–6)
fade
out
(×4–6)
Tacet to bar 35
Tacet to bar 40
30
31
32
33
(×10–16)
ff
34
35
36
37
(×4–8)
f
38
39
40
41

42
43
44
45
fade out
(×4-6)
Tacet to bar 52
(×10 - 16)
(×10-16)
(×16-32)
give cue
Tacet to bar 56
(×4-8)
f
46
47
48
49
(×3-4)
(×8-16)
(×12-18)
(×12-18)
ff
50
51
52
53
54
(×12-18)
(×6-10)
ff
55
56
57
58
59
(×24-48)
give cue
November 28th 1973

www.universaledition.com
wien | london | new york

ISMN 979-0-008-04304-8

DISTRIBUTED BY HAL LEONARD

48023609

ISBN 978-3-7024-1899-1

Printed in Austria
H 4/2025